Briefjes
op de
keukentafel

ALICE KUIPERS

Briefjes
op de
keukentafel

Vertaald door Christine Elion

MOURIA

Eerste druk maart 2008
Tweede druk maart 2008

© 2007 Alice Kuipers
All rights reserved
Het gedicht 'This Is Just to Say' van William Carlos Williams op
pagina 7 is afkomstig uit *Collected Poems* Volume I: 1909-1939
© 2000 William Carlos Williams, Carcanet Press Ltd.
© 2008 Nederlandse vertaling
Christine Elion en uitgeverij Mouria, Amsterdam
Alle rechten voorbehouden
Oorspronkelijke titel: *Life on the Refrigerator Door*
Omslagontwerp: Studio Marlies Visser

ISBN 978 90 458 0020 2
NUR 302

www.mouria.nl

Voor de vrouwen uit mijn familie,
met name voor Anneke, Liz, Melanie, Oma, Grootmoeder,
en, natuurlijk, mijn moeder

This Is Just to Say

I have eaten
the plums
that were in
the icebox

and which
you were probably
saving
for breakfast

Forgive me
they were delicious
so sweet
and so cold

WILLIAM CARLOS WILLIAMS

JANUARI

~~~~~

*Wat ik zie als
ik naar je kijk...*

Hai Clairtje,

melk
appels
bananen
avocado's
uien
aardappels
tomaten
champignons
wortels en konijnenvoer voor Peter
gehakt
brood
sap – kies jij maar

Als je nog meer mee kunt nemen, haal dan nog een
kip en twee blikken bonen. Geeft niet als het niet
lukt, dan probeer ik het morgen zelf wel even.

Liefs,

Mama

Geld op het aanrecht. Vergeet je sleutel niet!

Mama,

Ik heb alles gekocht wat op je lijstje stond, behalve
de kip en de bonen. Het was IJSKOUD buiten en
toen ik de tassen naar huis droeg, dacht ik dat mijn
vingers eraf zouden vallen. Ik MOET nieuwe
handschoenen hebben. Zaterdag moeten we maar
weer naar de winkel – dit weekend hoef je toch niet
te werken?

Hoop dat je een fijne dag hebt gehad???

C

Ik heb spaghetti bolognese gemaakt voor als je thuiskomt.

Liefs,

Mama

Ik moet nu snel weg. Ik heb dit weekend dienst.
Sorry.

Liefs,

Mama

Vanavond blijf ik bij Emma slapen.

Mam, je zag er moe uit gisteravond. Hopelijk werk je niet te hard???

Zie je morgen.

xxx

C

Geen zorgen, ik heb de sleutel.

Als je tijd hebt, kun je dan een kip gaan halen? Dan maak ik vanavond gebraden kip.

Liefs,

Mama

Nadat ik EINDELOOS HEB ZITTEN STERVEN VAN DE HONGER heb ik maar een recept van internet geplukt en iets met kip gemaakt. De restjes heb ik in de ijskast gezet. Ik heb nog op je gewacht, maar ik bedacht dat je toch NOOIT terug zou komen, dus toen heb ik er maar plasticfolie overheen gedaan. Emma hoeft NOOIT voor haar moeder te koken.

Morgen moet ik vroeg naar school, dus dan zie je me niet. Emma's moeder brengt ons met de auto, zij vond het zielig voor ons, met al die SNEEUW. En morgenavond ga ik babysitten, om geld te verdienen zodat ik de dingen die IK MOET HEBBEN tenminste kan betalen. HANDSCHOENEN bijvoorbeeld. Zodat mijn vingers er niet AFVRIEZEN in de KOU!!!!

Waarom koop je geen mobiel, dan kan ik je tenminste bellen????!!!!!!!!

Claire

Clairtje,

Dit weekend heb ik een paar zware dagen gehad.
Het zou fijn zijn om thuis te komen zonder dat me
een schuldgevoel werd aangepraat.

Ik hoop dat je les op school interessant was. Er is
nog wat over van de kip (heel erg lekkere kip
trouwens). Ik zie je bij het ontbijt. Ik wil ergens met
je over praten.

Hou van je,

Mama

Ik heb wat geld op het aanrecht gelegd voor
handschoenen.

Clairtje,

Ik moest weg. Een van mijn patiëntes is tweeënhalve maand te vroeg bevallen. Januari is een ontzettende rotmaand om een vroeggeboren kindje te krijgen...

Wanneer is je presentatie? Die zit er toch aan te komen?

Laten we vanavond iets leuks doen samen. Voor mijn gevoel heb ik je al dagen niet gezien.

Hou van jou,

Mama

Kun je nog wat appels bij halen?

Hoi Mama!

Vanavond kan ik niet. Ik moet naar Emma om te leren. James komt ook, want we werken met z'n drieën aan de presentatie voor morgen.

Ik heb wat pasta met kaassaus gemaakt, dus de melk is nu op. Ik heb nog geen appels gehaald.

Hoop dat het leuk was op je werk. Hoe is het met dat baby'tje van gisternacht?

Claire

Mam, heb je een tientje voor me?

Hai Clairtje,

Ik heb wat melk voor ons gehaald, en nog wat
brood. Er is ook nog wat groente en fruit. En appels.

Dank je wel voor de macaroni met kaassaus – heel
erg lekker. Je kunt al beter koken dan ik.

Zaterdag reserveer ik je voor het ontbijt. Ik moet
met je praten.

Waar heb je het geld voor nodig?

Mama

Hai Clairtje,

Fijn om je gisteravond te zien, al was het maar even.
Toen je wegging, zag je er al helemaal volwassen uit.
Af en toe vergeet ik dat je nog maar vijftien bent.

Sorry, pas nu bedenk ik dat ik vergeten ben te
vragen hoe je presentatie ging.

Vanavond laat ben ik op m'n werk. Dr. Goodman is
er niet en het lijkt wel of we nu allemaal drie keer
zoveel te doen hebben.

Kun je zaterdag nog steeds? We moeten er echt
even voor gaan zitten.

Liefje, ik hou van je.

Mama

Claire,

Peters hok moet worden schoongemaakt. Het arme
beestje.

Liefs,

Mama

Hoi Mama!

Ik had een tien!

C

Goed zo, lieverd! Dat is schitterend. Was het een belangrijke presentatie?

MAMA!

Het was dus écht belangrijk. Als ik je OOIT te zien kreeg, kon ik je dat soort dingen vertellen. Ik gelóóf het gewoon niet dat je dat moest vragen.

Ik ben pas laat thuis vanavond. Emma's ouders vroegen of ik kwam eten. Als het zo blijft sneeuwen, blijf ik misschien wel slapen. Ik bel wel even of het goed is. Morgenavond moet ik weer babysitten.

Claire

Nou Claire, zo voel ik me een afgrijselijke moeder. Zullen we anders proberen een vaste avond in de week af te spreken om te praten over wat je doet op school? Vroeger deden we dat altijd, weet je nog?

Zie je zaterdag, dan kunnen we écht praten.

Mama

Clairtje, het gaat me niet lukken, zaterdagochtend.
Zullen we zondagavond proberen?

Als je even tijd hebt, kun je dan nog een potje crème
voor me halen? Ik ben er helemaal doorheen.

Je vader heeft gisteravond gebeld. Hij zei dat je
terug moest bellen.

Liefs,

Mama

Hoi Mam,

Ik zit bij Emma te leren voor mijn proefwerk. Je bent mijn zakgeld vergeten. ALWEER.

C

Weet je al wat je zondagavond doet?

Liefs,

Mama

MAM !

MAG IK NU ALSJEBLIEFT MIJN ZAKGELD,
ALSJEBLIEFT!!!!

Hoi MAM! (Alsof ik je OOIT nog te zien krijg!)

Zondag is Emma jarig, dus dan ben ik bij haar.
Vanavond zou ik ook bij haar blijven slapen, maar
papa vroeg of ik bij hem langskwam, dus nou blijf
ik daar slapen. Hij klonk een beetje depri. Weet jij
wat er is?

Ik heb die crème voor je gehaald. Ik hoop dat dit de
goeie is, die je zo fijn vindt. Ik denk van wel, maar
in de winkel hadden ze zoveel verschillende soorten
dat ik het niet meer wist. Ik dacht dat die van jou in
een wit potje zat, en van deze klopt de naam, maar
hij zit in een geel potje. Is het potje veranderd? De
volgende keer dat je iets wilt moet je geld voor me
achterlaten. Of je moest van plan zijn mijn zakgeld
te verhogen...

Hoop dat alles goed met je is. Je zei dat je met me
wilde praten. Misschien dat ik zondagavond nog op
tijd voor het avondeten terugkom van Emma.

C

Hai Clairtje,

Hoe was het bij je vader dit weekend? Ik hoop dat
hij in het echt vrolijker was dan over de telefoon.
Misschien is hij gestrest over zijn werk. Vroeger
had hij vaak stress van zijn werk, maar wat weet ik
er nou helemaal van?

En hoe was Emma's verjaardag?

Claire, lieverd, vandaag heb ik een afspraak bij de
dokter. Ik heb geprobeerd het je te vertellen. Je hoeft
je nergens zorgen over te maken, maar ik zou me
een beetje raar voelen als je er niet van wist. Ik heb
een knobbeltje in mijn rechterborst gevonden.
Uiteindelijk heb ik een afspraak gemaakt. Ik had het
je willen vertellen voordat ik naar de dokter ging,
maar ik geloof niet dat ik daar echt de kans toe heb
gekregen. Ik denk niet dat er ook maar iets is om
over in te zitten, dus maak dit alsjeblieft niet erger
dan het is.

Liefje, ik hou van je,

Mama

Mam!

Ongelofelijk dat je een briefje voor me achterlaat om me zoiets te vertellen!

Hoe voel je je? Hoe was het bij de dokter? Moet ik me zorgen om je maken? Is het ernstig? Je gaat NOOIT naar de dokter...

Ik moet zo babysitten, maar ik kom vroeg thuis.

Liefs en knuffel,

Claire

Claire,

Ik hoop dat je je nu wat beter voelt, en dat ik je een beetje gerust heb kunnen stellen. Zoals ik al zei was de dokter heel erg aardig. Morgenmiddag ben ik op pad voor het onderzoek, om even te kijken of alles goed is – de kans dat het knobbeltje ook maar iets om het lijf heeft, is niet zo groot.

Misschien is het gewoon dat ik zelf arts ben, dat ik vergeet om genoeg aandacht te schenken aan mijn eigen gezondheid. Maar goed, alles komt in orde, dus maak je verder alsjeblieft geen zorgen. Dat is echt nergens voor nodig.

Liefs,

Mama

Succes bij de dokter vandaag, met jeweetwel. Sorry dat ik niet meekan, mam...

Volgende week heb ik weer een afspraak, meisje.
Heb je zin om mee te gaan? Maandag om 16.30 uur
– als het je lukt om na school om vier uur thuis te
zijn, kunnen we samen gaan. Kijk maar of je het
redt.

Liefs,

Mama

Moet vanavond babysitten, mama. Ik ga gauw!!!

Ik kan mijn sleutel nergens vinden. Ben je thuis om
de deur open te doen?
Bel even, dan weet ik het.

Ben je dit weekend bij je vader? Of heb je zin om samen iets leuks te gaan doen?

Hoi Mam,

Ik ben zo terug... Misschien kunnen we een film kijken.

Mag ik 20 dollar extra zakgeld? Alsjebliiiiiieeeeeeft?
Ik wilde een paar laarzen kopen, maar ik kom net
iets te kort. Dan kook ik volgende week ELKE DAG!

xxx

Sorry mam! Ik dacht dat ik meekon, maar ik heb iets op school. Veel succes bij de dokter! Laat me weten hoe het gaat...

xxx

Mam?????

Waar ben je?????

Ik heb uren zitten wachten, en ik dacht dat je thuis
zou zijn. Ik heb het ziekenhuis gebeld, maar daar
zeiden ze dat je na je afspraak niet meer op je werk
was geweest. Ik heb zelfs papa gebeld om te zien of
hij iets wist. Niet dat hij ooit weet waar je zit.

Ik maak me zorgen. Moet ik me zorgen maken? Ik
heb op internet gezocht op knobbeltje en borst en
toen besefte ik pas dat ik niet precies wist waarnaar
ik op zoek was, en toen bedacht ik opeens dat ik dit
allemaal misschien iets serieuzer had moeten
nemen. Als je nou thuis was, dan was ik vast niet zo
ongerust...

Maar goed. Als ik hier blijf zitten wachten, word ik
gek. Papa heeft gebeld – hij komt me halen om iets
te gaan eten. Ik ben zo terug. Ik heb mijn sleutel
weer gevonden.

xxx

C

GOEDEMORGEN!!!!! MAM!

Waar ben je? Wat is er aan de hand?

In je agenda staat dat je straks op je werk bent. Ik probeer je daar wel te bellen. Waarom heb je geen mobiel????

Er is koude pizza voor het ontbijt – de restjes heb ik voor je meegenomen. Ik wou dat je niet zomaar was verdwenen. Ik weet wel dat ik eerder thuis had moeten komen van de pizzeria, maar papa wilde allerlei dingen met me bespreken. Maak je geen zorgen, hij weet nergens van.

Ik kom meteen na school naar huis.

Claire

Hai Clairtje,

Het spijt me dat ik je ongerust heb gemaakt, lieverd. Ik ben een eind gaan rijden. Eind deze week ga ik weer naar de dokter.

Hopelijk komen we erachter dat alles in orde is en dat ik me voor niets zorgen maak.

Ik hou van je. Ik zou tegen achten thuis moeten zijn.

Ene Michael heeft gebeld.

Liefs,

Mama

Hoi Mam,

Dank voor je briefje. Is alles nu in orde?

Ben bij Emma.

Liefs en knuffels,

Claire

Hai Clairtje,

Zullen we vanavond samen eten? Vanochtend moest
ik naar m'n werk. Er komen nog steeds baby's ter
wereld, daar helpt geen lieve moeder aan.

Ik ben even de deur uit om nog wat voer voor Peter
te halen – we hebben niets meer in huis, zelfs geen
wortels. Ik ben over tien minuten terug.

Hou van je,

Mama

Mam,

Dus we moeten gewoon wachten tot het einde van de week en dan horen we dat alles goed is?

Ik wil niet wachten, mam! Weet je nog die ene keer toen we op de boot zaten te wachten, en we de hele nacht op dat eiland hebben vastgezeten? Waar was dat eigenlijk precies? Hoe oud was ik toen?

Trouwens, ik had een 9 voor biologie.

Zie je bij het avondeten.

xxx

Het eten was heerlijk gisteren, Claire. Had je het recept voor die aardappels van oma? Ze smaakten precies zoals die van haar. En wat ik nog vergeten was te zeggen – dat eiland was in Indonesië. Toen je negen was hebben we je daar mee naartoe genomen omdat je vader onderzoek moest doen. Het was vlak voordat we besloten om uit elkaar te gaan. Het verbaast me dat je het nog weet. Het is grappig wat je kinderen van je onthouden. Ik weet nog dat mijn moeder overheerlijke aardappels maakte en dat ze samen met ons ging tekenen als we thuiskwamen van school.

Die Michael heeft weer gebeld.

Ik ben tot 's avonds laat aan het werk. Ik hou van je. Zul je proberen om niet ongerust te zijn?

Mama

Sorry dat ik zo laat was met je zakgeld.

Zal ik met je meegaan morgen?

C

Ik red het prima alleen.

Zie je vanavond.

Liefs,

Mama

Claire,

We moeten praten. Ik zit op mijn kamer.

Ik hou van je,

Mama

MAART

~~~~~~~

... Is de vrouw
die ik wil zijn

Ik heb met Peter naar buiten zitten kijken, en ik moest eraan denken hoe prachtig de tuin eruitziet, Claire. Met die smeltende sneeuw en de volle zon op Peters vacht, lijkt het allemaal zo erg niet.

Mama, het spijt me. Papa weet ervan, ik kon niet anders. Ik moest huilen, dus toen wist hij dat er iets aan de hand was. Wees alsjeblieft niet boos op me.

xxx

Claire

Maak je geen zorgen. We hebben wel iets beters te doen dan ruziemaken. Ik ben bij hem langs geweest om te praten.

De kliniek heeft net gebeld. Ze willen dat ik morgen kom.

Lieverd, ik hou van je,

Mama

Mama, het spijt me. Het was helemaal niet mijn bedoeling om tegen je te schreeuwen. Ik was gewoon zo ontzettend bezorgd toen je naar buiten ging om een eindje te wandelen en toen kwam er van alles bij me op over wat er met je zou kunnen gebeuren en... ik vind het afschuwelijk dat ik tegen je stond te schreeuwen terwijl er zoiets met je aan de hand is. Het spijt me heel erg.

Liefs en knuffels,

Claire

Het zal je misschien verbazen, Claire, maar ik weet nog hoe het was toen ik zelf vijftien was. Zo onaardig ben ik nou ook weer niet. Maar het was fijn om je briefje te lezen. Heb je zin om met me mee te gaan vandaag – als je op tijd thuis bent? De afspraak is om 16.30 uur. Ik ga stipt om 16.00 weg. Of kom anders vrijdag als ze het weg gaan halen, als je vandaag niet kunt? En daarna is alles weer bij het oude.

Goed gedaan met Peters hok.

Mama

Jammer dat ik je afspraak gemist heb, mam. Maar vrijdag kan ik wel.

Claire

Je zakgeld ligt op het aanrecht. Morgenochtend moeten we om 8.15 uur klaarstaan voor vertrek.

Liefs,

Mama

Mam,

Ik had niet gedacht dat het er in het ziekenhuis allemaal zo heftig en steriel en echt uit zou zien. Als je wakker wordt, zit ik op m'n kamer. Kom je me opzoeken...

xxx

Claire

Het gaat goed met me, liefje, het was geen grote ingreep. Dank je wel voor al die kruidenthee...

Hai Claire,

Michael heeft voor je gebeld. Ik dacht dat je gisteren nog met hem uit was. Is hij een bijzonder iemand?

Fijn om je vanmorgen te zien, lieverd.

Liefs,

Mama

Mam, Gina heeft weer gebeld. Ze vraagt of je terugbelt.

Later vertel ik je nog wel over Michael. Ik ben maar even naar papa gegaan. Hij wilde iets leuks met me gaan doen.

Hoe voel je je?

Liefs en knuffels,

C

Ik heb geen tijd om naar de winkel te gaan, Claire.
Kun jij er op de terugweg van school even langs
voor:

melk
brood
eieren
fruit – kies zelf maar
komkommer en tomaten
spaghetti – is helemaal op

Als je tijd hebt, kun je dan ook de planten water
geven?

Ik kon de verleiding om naar m'n werk te gaan niet
weerstaan! Een patiënte van me bevalt van een
drieling. Duim voor ons.

Mama

Mam,

Ik ben naar de winkel gegaan. Kijk maar in de
ijskast. Ik heb de planten water gegeven. Ik heb
Peters hok schoongemaakt. Ik heb de woonkamer
opgeruimd. En de keuken. En ik heb de afwas
gedaan.

Ik ga naar bed.

Je inwonende bediende,

Claire

Claire!

Ik weet wel dat het niet makkelijk is nu ik de hele tijd op m'n werk ben, maar vroeger heb ik mijn ouders ook geholpen in huis.

Gisternacht drie prachtige baby's geboren. Wat is de wereld mooi. Ik zie alles van de zonnige kant. Mijn afspraak is volgende week. Ze gaan me vertellen wat er verder gaat gebeuren. Ik wil er maar het liefste snel vanaf zijn.

x

Mama

Je zakgeld ligt op het aanrecht.

MAM!

SORRY VOOR DIE RUZIE! Ik zei alleen maar dat ik eindeloos veel dingen in huis had gedaan. En dan voel ik me weer rot over wat er verder allemaal aan de hand is. Hoe voel je je nu?

Claire

Ben babysitten.

xxx

C

Peter heeft geen wortels meer. Heb jij misschien tijd om er wat te gaan halen? We hebben ook nog brood nodig.

Mama

Ben weg met Emma.

xxx

C

MAM! Niet te geloven, dankzij jou is mijn bloes nu ROZE!
NU KAN IK HEM NOOIT MEER AAN.

Vandaag heb ik die afspraak bij de dokter. Hopelijk krijgen we te horen dat de kust nu veilig is.

Liefs,

Mama

De afwasmachine moet nog uitgeruimd.

Het was een verdrietige dag op m'n werk vandaag, Claire. Herinner je je nog dat vroeggeboren kindje van januari? Misschien niet, vast niet, hoe dan ook, ik heb haar nooit uit het oog verloren, misschien was ze ook wel mijn kleine, hoopvolle zonnestraaltje bij alles wat ik nu meemaak. Vanmiddag is ze gestorven. Ze was nog zo ontzettend klein.

Voel me een beetje down. Ik ben even een eindje gaan lopen langs de rivier. Gisteren geen goed nieuws gekregen. Er schijnt een of andere complicatie te zijn.

Mama

Wat betekent 'een of andere complicatie'?
Is alles goed? Waarom zeg je me niet gewoon wat er
aan de hand is?

Vanavond ga ik al uit met Michael, die afspraak
stond al – het spijt me echt. Maak je geen zorgen, ik
kom niet te laat thuis, BELOOFD. Ik kom zo snel
mogelijk naar huis.

Gina en Marcy hebben gebeld. De vijfde geven ze
een etentje. Bel Gina even als je thuiskomt.

Liefs en knuffels,

Claire

Michael heeft twee keer voor je gebeld.

Hij heeft een leuke stem.

Mama

Hij is leuk! We gaan naar de film. Zie ik je als ik thuiskom?

C

Mag ik nog een tientje extra?
Alsjebliiiiiiiiieeeeeeeeft???

Hoop dat je een leuke avond hebt gehad, gisteren. Ik ben naar Gina gegaan voor een beetje vrouwelijk gezelschap. Ik had liever het jouwe gehad...

x

Mama

MAM, sorry dat ik je heb gemist! Ik was aan het babysitten en daarna ben ik naar Emma gegaan om te leren. Hoop dat Gina een goede vervangster was. Morgen heb ik een GROOT PROEFWERK en ik vind het BEHOORLIJK ENG!!!!

xxx

C

Veel succes met je proefwerk vandaag, lieverd. Het spijt me dat ik er niet ben bij het ontbijt. Op dit moment is er een tweeling onderweg.

Peters hok moet schoongemaakt.

Zie je vanavond.

Liefs,

Mama

Vergeet je sleutel niet!

Ik ben even joggen, mama, als je me zoekt. Het is een prachtige dag, maar ik wed dat je nog niet eens de tijd hebt gehad om er iets van te merken. Je krokussen staan in volle bloei, en ook die kleine gele bloempjes waarvan ik steeds de naam vergeet. Ze staan allemaal te stralen in de zon...

Het voelt alsof we al weken nergens over hebben gepraat. Ik weet niet eens wat de dokter tegen je heeft gezegd over de behandeling en zo. Gaat alles goed?

Mijn proefwerk ging wel goed.

xxx

C

Je zag er moe uit gisteravond, mam. Daar moest ik nog aan denken toen ik naar bed ging. Zou ik me trouwens niet meer zorgen moeten maken? Soms lijkt het wel alsof het makkelijker is om je iets in een briefje te vragen, over hoe je je voelt, en hoe alles gaat met de dokter en zo.

Ik ga nu gauw naar school. Daarna zie ik Michael, dus ik denk niet dat ik voor het eten thuis ben.

xxx

Hoi Claire,

Vraag anders of Michael hier eens een keertje wil
komen eten. Dan moeten we wel een avond kiezen
waarop ik geen dienst heb. Het was stil hier zonder
jou vanavond. Peter is niet zo'n prater!

Ik snap dat het makkelijker is om dat soort vragen
op te schrijven. Voor een aantal vragen ben ik nog
naar een antwoord op zoek.

Hou van je,

Mama

Nicole heeft gebeld. Had je haar al teruggebeld?

x

C

Vandaag beginnen we met de bestraling, dus daar ben ik. Van nu af aan zit ik dus elke ochtend daar.

Mama

Mammie,

Als je uit bed komt, en je wat beter voelt, kom dan naar de tuin. Er staat granaatappelsap voor je in de ijskast.

Liefs en knuffels,

Clairtje

Hoe voel je je vandaag, mam? Ik ben even naar
Emma voor huiswerk dat ik heb gemist. Bel me als
je iets nodig hebt...

Liefs en knuffels,

Clairtje

Het gaat prima, lieverd. Dank je wel voor al je zorgen.

Mama

Mam, ik ben even joggen met Emma. Ik ben over ongeveer drie kwartier terug.

xxx

Hoi Mam!

Michael en ik zijn even weg met de auto. Ik ben binnen een uur terug.

Nicole heeft gebeld. En Gina ook – ze komt tegen zessen en ze neemt avondeten voor ons mee.

xxx

Goeiemorgen Claire,

Na de bestraling vandaag ga ik naar m'n werk.

Trouwens: hoe oud is Michael als hij je meeneemt
in de auto? Misschien dat we het er een keertje over
moeten hebben – je bent nog maar vijftien, Claire.

Je vader heeft gebeld.

Mama

appels
bananen
grapefruit
broccoli
courgette
zalm
walnoten
avocado's
melk
brood
eieren
kalkoenfilet

Het zal wel het beste zijn als ik maar zo snel
mogelijk met het superdieet begin. Laten we hopen
dat het helpt!? Dank je wel van de boodschappen,
Clairtje.

Mama

Ik ben écht supermoe, mam, dus ik ben even gaan liggen. Ik heb een film gehaald voor vanavond – 'To Kill a Mockingbird'. Ik dacht dat jij die wel leuk zou vinden. Het is een zwart-witfilm.

Ik heb geen tijd om naar de winkel te gaan. Morgen ga ik – BELOOFD.

Peter was laatst écht superschattig, je had hem moeten zien met het speelgoedworteltje dat pap voor hem had gehaald. Hij heeft gebeld, trouwens. Pap – niet Peter HAHAHA. (Ik ben zo moe dat ik gek word!!!!!!!!)

Hoe ging het vanochtend?

Liefs en knuffels en liefs enzo,

C

Trouwens, ik kan mijn sleutel niet vinden – weet jij waar die ligt?

Hoi Claire,

Ik weet wel dat we allebei graag gezond eten, maar
één avondje afhaaleten kan toch geen kwaad, lijkt
me? Ik heb al besteld – limoenkip en chili beef. Ik
wilde even weg met de auto, dus ik ben het aan het
halen.

'To Kill a Mockingbird' lijkt me heel goed.

Ik ben een beetje wiebelig. Hopelijk wordt het beter
met wat frisse lucht.

Liefs en knuffels terug,

Mama

Clairtje,

Vanochtend moest ik vroeg naar m'n werk. Ik loop
een beetje achter, en ik heb mezelf de hele nacht
wakker liggen houden met gepieker daarover. Slaat
nergens op – ik weet het. Nu er verder zoveel speelt,
moet ik me misschien niet zo druk maken over
mijn werk, maar volgens mij komt alles in orde. Het
zit niet eens in de familie, weet je nog.

Goede film, dank je wel. Dank je wel voor alles wat
je doet, lieverd.

Hou van je,

Mama

Hoi Mam,

Ik ben even joggen. Ik heb de achterdeur niet op slot gedaan.

xxx

Mam,

Michael zei dat hij me niet zo vaak meer wilde zien.
Hij zei–

Ik ga het niet opschrijven. Ik voel me vreselijk. Ik
zit in de tuin. Ik had nooit gedacht dat hij NU zoiets
zou doen...

xxx

Clairtje, vanavond weer filmavond? Ik ben rond zeven uur thuis. Ik hoop dat je je een beetje beter voelt na gisteravond.

Geniet van je dag, lieverd. Wees niet te streng voor jezelf. Jou valt niets te verwijten.

Liefs,

Mama

Je NIEUWE sleutel ligt op het aanrecht.

Ik ben even joggen, mam, als je je afvraagt waar ik ben. Het was vandaag vreselijk op school. Ik moest alleen maar aan hem denken. Ik snap niet wat er is misgegaan? Hij is het helemaal voor mij en ik dacht dat ik het helemaal voor hem was?

Zie je straks. Film klinkt (alweer) als een goed plan. Misschien moet ik de rest van mijn leven maar binnenblijven en films kijken met jou. Vind jij dat ik hem moet bellen??? En als ik hem nou bel om te zeggen dat we ook gewoon vrienden kunnen blijven???

C

Hoe was het vandaag op school? Al een beetje beter?

Niet verdrietig zijn, liefje. Laten we vanavond iets leuks doen. We zouden Peters hok een opknapbeurt kunnen geven. Of weet je, ik doe het anders zelf wel even nu. Ik denk dat het warm genoeg is om in de tuin te eten. Misschien ook wel niet. Als je wilt, kunnen we ook in de tv-kamer eten en nog een film kijken. Zou je dat leuk vinden?

Ik hou van je,

Mama

Ik voel me ONTZETTEND ROT, mam. Ik wist niet dat ik zoveel verdriet om iemand kon hebben. Sorry voor mijn rothumeur de laatste tijd. Het was niet eerlijk van me om het op jou af te reageren, helemaal niet met alles wat er nu speelt – ik had steeds met je mee moeten gaan naar de bestraling, in plaats van te doen alsof ik de enige op de wereld ben.

Ik ben even joggen.

Je ongelukkige meisje,

Claire

Clairtje,

Ik kom en ik ga weer. Ik ben over ruim een kwartier
terug.

Je stelt je helemaal niet aan. Een gebroken hart is
iets heel akeligs. Het is moeilijk als een relatie niet
werkt... Volgens mij zit je, als je schrijft dat je
ongelukkig bent, al beter in je vel dan begin deze
week – het is als vragen om eten als je met griep op
bed hebt gelegen. Het is een goed teken, lieverd. Je
komt er gauw weer bovenop.

We praten wel verder als we allebei thuis zijn.

Liefs,

Mama

Mam,

Kunnen we samen iets gaan doen? Naar het
winkelcentrum bijvoorbeeld????

Nieuwe spijkerbroek
Slippers voor de zomer, zodat ik in de hitte niet in
mijn sneakers blijf plakken.
Badpak – waarschijnlijk wordt het een bikini, ze
hebben een leuke in de stad bij Isis.
Hemdjes
Oorbellen – bij Sirens hebben ze een paar mooie
ringen liggen, en ze zijn niet duur.

Ik weet wel dat het nog jaren duurt voor het zomer
wordt, maar ik kom al helemaal in de stemming.
Misschien kunnen we een vakantie plannen of zo?
OK, ik snap het al! Het was maar een ideetje!

MAM!

Ongelofelijk dat je denkt dat ik zo egoïstisch ben! Ik
wilde gaan shoppen om nieuwe kleren te kopen.
Dat wil niet zeggen dat ik vergeten ben dat jij van
alles te doen hebt, zoals je WERK en je AFSPRAKEN
BIJ DE DOKTER. Wat doe jij ONTZETTEND
onredelijk.

Claire

MAM!

Als jij niet met mij praat over wat er met jou aan de hand is, waarom zou ik jou dan nog IETS vertellen?

Claire

Michael heeft gebeld. Ik heb hem gezegd dat je zo thuis zou zijn. Heb ik daar goed aan gedaan? Ik was een beetje verbaasd dat hij belde, nadat jij had gezegd dat hij jou had gezegd dat hij niet meer zou bellen. Hoop dat alles goed is.

Liefje, hou van je.

Mama

Kun je de woonkamer opruimen alsjeblieft? Je schoolspullen liggen overal.

Mama!

Ik ben weg met de auto, met Michael!!!!!!

Ik ben zo terug. Maak je niet ongerust!!!!!!

Hoop dat alles goed ging vanmorgen.

xxx

Claire

Claire,

Ik ben al naar bed, maar ik heb nog op je gewacht.
Morgen moet je weer naar school. De woonkamer is
nog steeds een bende.

Morgenavond wil ik van je horen wat er aan de
hand is.
Waar was je?

Mama

MAM!

Sorry dat ik zo laat thuis was, ik weet wel dat ik vandaag naar school moet, maar het was zo'n beetje NU of NOOIT. Michael en ik zijn weer bij elkaar. Hij zei dat hij spijt had, en dat hij ME HAD GEMIST!!!!!

Liefs en liefs en nog meer liefs!!!!!!!

Claire

Claire,

Ik ga naar Gina,

Doe het rustig aan met Michael. Je hoeft je niet te haasten. Je bent nog jong.

Liefs,

Mama

Mam,

Emma vroeg of ik haar kwam helpen met haar
huiswerk kwam helpen. Ik ben over een tijdje terug.
Laten we alsjebliiiiiieeeeeft geen ruzie meer maken
over Michael, OK? Ik vond het afschuwelijk
vanochtend. Ik heb geen idee waarom jij er zo
panisch over moet doen. En ZO jong ben ik nou ook
weer niet. Jij was zelf VEEL jonger dan papa toen
jullie verkering kregen – dus waar maak je je druk
over?

Nicole heeft gebeld.

C

Claire,

Wat een vreselijke avond gisteren. Je reageert zo heftig op alles wat ik zeg, dat ik nauwelijks met je kan praten. Waar is mijn verstandige meid gebleven?

Ik heb niet gezegd dat ik Michael niet leuk vond. Ik heb hem nog nooit ontmoet – en dat op zichzelf is al een reden tot zorg, trouwens. Ik zei dat ik bezorgd was omdat je er meteen weer in springt, terwijl hij een beetje onvoorspelbaar lijkt. Ik zei dat ik niet blij was met de manier waarop hij jou heeft behandeld, en daar is niets onredelijks aan.

Probeer vanavond niet al te laat thuis te komen.

Mama

Ik was thuis, maar jij WAS ER NIET, mama. Niet dat dat zo raar is, trouwens, want je bent er toch nooit? Toen zag ik je briefje op de keukentafel. Als je er was, dan zou ik dit tegen je zeggen, maar OMDAT JE ER NIET BENT, MOET IK HET WEL OPSCHRIJVEN! Michael is fantastisch. Hij is grappig en slim en leuk en hij is er als ik hem nodig heb, en dat kan ik van jou niet zeggen. En van papa ook niet. En mam, nu we het toch over papa hebben, ik geloof niet dat ik wat dit betreft op jouw advies zit te wachten!

Ik heb het gehad met dat verstandige gedoe. Vanavond blijf ik bij Emma slapen.

C

Ik moet weg voor de bestraling en daarna ga ik een paar uurtjes naar m'n werk, ze konden me niet missen. Ik vind het absoluut niet terecht als je zegt dat ik er niet was toen je me nodig had.

Zorg dat je hier bent als ik thuiskom.

Mama

Vanavond blijf ik weer bij Emma slapen.

Claire

Claire,

Waarvoor heb je een mobiel als je hem nooit aanzet? Ik heb naar Emma's huis moeten bellen om van haar moeder te horen dat je daar niet was. Ik heb doodsangsten om je uitgestaan. Waar was je?

Ik heb met school gebeld en daar zeiden ze dat je bij Engels zat. Nou weet ik tenminste dat je nog leeft. Weet je wel hoe ik me geneerde dat ik aan de receptioniste moest vertellen dat ik naar mijn dochter op zoek was en dat ik niet eens zeker wist of ze wel op school was? Dit gaat alle perken te buiten, Claire, en ik hoop toch echt dat je niet bij Michael bent blijven slapen.

Nu ik weet dat je nog leeft, ga ik naar m'n werk. Het werk dat ervoor zorgt dat ik al het voedsel dat we eten kan betalen, en alle kleren die we dragen en het dak boven ons hoofd.

Als je niet thuis bent als ik thuiskom, en wel om 19.00 uur vanavond, dan heb je huisarrest, Claire. Als jij je als een klein meisje blijft gedragen, dan behandel ik je ook zo. Haal de vaatwasser leeg als je thuiskomt.

Mama

Ik ben bij papa. Ik ben niet bij Michael blijven slapen.
Maar jij zal er wel weer het ergste van denken.

Claire

Claire, ik hou van je, maar de manier waarop je je gedraagt vind ik onacceptabel.

Gisteravond heb ik met je vader gesproken en hij zei dat je langs zou komen om wat spullen op te halen omdat je naar hem toe gaat. Het is ongelofelijk dat je dit doet Claire. Naar je vader toe rennen is een heel teleurstellende en kinderachtige manier om met ons conflict om te gaan, wat maar weer eens bewijst dat je veel te jong bent om een serieuze relatie te hebben met wie dan ook.

Michael heeft vanavond twee keer gebeld. Wat is er met jullie aan de hand?

Mama

Als je me nodig hebt, ben ik bij pap.

Claire

Pap en ik gaan vanavond naar opa toe. Ik ben even langs geweest om wat spullen te halen.

Claire

Mam,

Gisteravond heb ik een dvd gekeken voor familieleden van mensen met borstkanker (Emma heeft hem voor me uit de bibliotheek gehaald). Het is niet makkelijk om dit op te schrijven, maar ik denk dat we er beter over moeten praten. Papa zei dat we misschien juist zo'n ruzie hebben omdat we te weinig met elkaar hebben gepraat. Ik weet niet zeker of ik me zorgen over je moet maken, of dat ik gewoon door moet gaan met mijn leven. Je doet alsof er niets aan de hand is, dus misschien moet ik dat ook maar doen.

Maak ik het erger dan het is, mam? Vanavond blijf ik hier slapen.

Claire

Claire,

Er bestaat geen boek met regels die me vertellen
hoe ik mijn leven moet leiden of hoe ik hiermee om
moet gaan. Ik wou dat het wel bestond.

Jij hebt je school, en een vriendje, en alle dingen die
elke gewone vijftienjarige hoort te hebben. Als alles
weer in orde is, kunnen we weer terug naar hoe het
was.

Ik ben blij dat je besloten hebt om wat vaker thuis
te zijn. Ik ben even een eindje gaan lopen langs de
rivier. Laten we het erover hebben als ik terugkom.

Liefs,

Mama

Is er iets wat ik niet weet, mama? Gisteravond leek
je zo afwezig. Ik heb spijt van al onze ruzies.

Mama,

Wil je met me praten, alsjeblieft.

Claire

Ik kan het gewoon niet, Claire. Het spijt me, maar ik kan het gewoon niet.

Nog even geduld.

Mama

Liefste Claire,

Als ik nog zieker word, dan wil ik dat je bij je vader gaat wonen. Het is niet dat ik niet van je hou. Denk dat alsjeblieft nooit.

Liefs,

Mama

Mam,

Ik sta te trillen op mijn benen nu ik dit schrijf. Ik ben net thuisgekomen in een leeg huis – er brandde nergens licht. De keuken was leeg en ik zie een briefje op de keukentafel, met die clip erop die ik je nog gegeven heb – die met die foto van toen ik nog een baby was. Had je wel in de gaten dat je die clip erop deed, toen je dat laatste briefje schreef?

Ik zag de plant in de hoek staan, de cactus die bijna tot het plafond komt. Ik was vergeten dat die zo lang was. En toen las ik jouw briefje.

Er zijn allerlei mensen die hiervan genezen. Ik doe mijn best om heel erg sterk te blijven voor je, maar je moet wel onthouden dat je straks beter bent, mama – je moet wel. Straks ben je beter.

Claire

Mam,

Ik heb net in de prullenbak jouw brief aan mij
gevonden. Waarom heb je die weggegooid?
Waarom heb je me niet verteld wat er aan de hand
was? Is het heel ernstig?

Het spijt me dat we zoveel ruzie hebben gemaakt. Is
alles goed met je?

Claire

Claire,

Vanavond ben ik rond zes uur thuis. Misschien kun je even op me wachten als je dit briefje krijgt.

Hoe had ik het je kunnen vertellen? Ik ben nog maar net bezig met de gedachte aan beter worden, en dan beginnen er andere dingen te spelen. Gewoonlijk gaat het niet zoals bij mij – dat weet ik, ik heb andere vrouwen gezien die dit hebben meegemaakt. En daarna was je er niet omdat we zo'n stompzinnige ruzie hadden.

O Claire, ik ben hier zo dom mee omgegaan. Je briefje vorige week, dat briefje waarin je vertelde dat je net een dvd had bekeken voor familieleden van mensen met borstkanker, weet je wel dat ik een uur heb zitten huilen toen ik dat gelezen had? Weet je wel dat ik toen pas voor het eerst voor mezelf heb toegegeven dat ik borstkanker heb? Ik, ik heb borstkanker. Echt waar. En het gaat niet over.

Ik ben te zwak geweest om toe te geven dat ik je nodig heb. Ik wilde niet dat dit jouw alledaagse leven in de weg zou staan, ik wilde niet dat jij iets zou moeten veranderen in wat je doet, of dat je niet langer mijn kleine meisje zou zijn.

Ik wil niet dat je vader van deze nieuwe ontwikkelingen hoort. Nog even niet. Nog even wachten tot ik weer met beide benen op de grond sta.

Ik hou van je,

Mama

JUNI

~~~~~

Dapper en sterk

.

Ik heb een boek voor je gevonden, mam. Het zijn gedichten van anderen die het ook hebben overleefd. Misschien vind je het leuk om gedichten te schrijven of te schilderen of iets anders creatiefs te doen. Wie weet is het goed voor je. Ik weet dat dat op dit moment raar klinkt, maar we moeten de moed niet opgeven, toch? Dat zeggen ze ook in het boek.

Jij bent zo sterk. Zelfs toen ik klein was, wist ik al dat jij de sterkste was van alle moeders, en de snelste. Weet je nog dat jij op de schoolsportdag altijd won bij het hardlopen?

Toen je mij kreeg, was je achtentwintig. Ik vraag me wel eens af hoe jij op je vijftiende was. Ik vraag me wel eens af of wij op school vriendinnen waren geweest. Ik durf te wedden van wel.

Het lijkt wel of de zomer ons in één klap overvalt. Vandaag schijnt de zon. De hele keuken wordt er warm van en dat geeft me hoop. Het komt vast goed met je, mama. Ik weet het zeker.

Ik hou van je en het spijt me van afgelopen maand

en al dat gedoe met Michael. Sorry dat ik naar papa ben gegaan. Ik weet niet wat ik me in mijn hoofd haalde. Achteraf slaat het allemaal nergens op.

Om 5 uur ben ik thuis. Ik heb koffiegezet. Cafeïnevrij!

Ik denk wel dat we aan pap moeten vertellen hoe het ervoor staat.
En aan Gina.

C

Dank je wel voor het boek, lieverd.

Ik ben even gaan liggen.

Mam

Kun je de vuilnis buitenzetten?

Ik bel wel even tussen de middag. Nog maar twee weken naar school! En dan is het ZOMER!!!!

C

Ik moet nog een paar slippers hebben!

Hoe was het vandaag bij de dokter, mam? Ik wou dat je me mee had laten gaan. Ik heb nog gebeld, maar je was niet thuis. Ik hoop dat je lekker een stuk bent gaan rijden, en dat ze er gewoon helemaal naast zitten.

Ik ben in de tuin met Peter. Zit in de zon. Voel me raar.

Claire

Ik kwam binnen en ik las je briefje en toen ben ik naar de achterdeur gelopen en ik keek naar jou, in de tuin, en ik kon het je niet zeggen, Claire. Hoe kan ik jou vertellen dat het leven niet zo mooi is als het hoort? Ik zal ertegen vechten, Claire. Ik zal ertegen vechten. Maar ik kan de kracht niet opbrengen om je recht in je gezicht te vertellen wat de dokter heeft gezegd. Het spijt me.

Ik ben gaan liggen.

Mam

Gisteravond op je kamer leek je zo klein, mam. Mijn god, ik kan niet geloven wat er allemaal gebeurt. Ik snap niet hoe alles zo snel heeft kunnen gaan. Ik dacht dat alles goed zou komen. Ik dacht dat dit soort dingen alleen bij anderen gebeurde. De oma van een schoolvriendinnetje heeft het overleefd. Ze deed een heleboel aan sport en ze at heel veel broccoli. Net als jij. Je wordt weer beter. EN JIJ BENT VEEL JONGER DAN DE OMA VAN MIJN VRIENDINNETJE!!!!!!!

Ik geloof in jou, mama. Je wordt weer beter. Ik zie je tussen de middag.

Claire

Als je thuiskomt, Claire, bel je vader dan even op zijn mobiel. Hij brengt je met de auto naar me toe, als ik bij de dokter zit. We moeten hier samen over praten, met z'n allen.

Clairtje, ik ben er niet van overtuigd dat jouw geloof in mij kan maken dat het goed komt, en broccoli en sport misschien ook wel niet. Lieverd, het spijt me. Laten we samen gaan luisteren naar wat de dokter te zeggen heeft, en kijken hoe het ervoor staat.

Liefs,

Mam

We mogen de hoop niet opgeven, mama. Er zijn heel veel mensen die ervan genezen. En je hebt nog zoveel te doen! Al die baby'tjes die nog gehaald moeten worden. Mij om voor te zorgen.

De operatie en de chemo helpen je wel. Je wordt beter, dat weet ik zeker.

Vanavond tijd voor broccoli en sport. Laten we samen langs de rivier gaan wandelen. Dan kunnen we al die roze bloemen bekijken waar je zo van houdt – hoe heten ze ook alweer? We kunnen aan de oever gaan staan om de zon omlaag te zien duikelen. Ik hou je hand vast tot je erdoor bent, mam. Zie je om vier uur?

Liefs en knuffels,

C

Goed Claire. Ik moet alleen even iets halen bij Nicole. En oké, ik zal tegen haar zeggen dat we wel wat hulp kunnen gebruiken.

Een wandeling lijkt me heerlijk. Broccoli en sport. Wat je zegt, lieverd.

Mam

Claire, kun je alsjeblieft wat brood en melk halen?

Mam

Emma heeft gebeld.

Mam

Ik moet vanavond babysitten, maar zodra ik klaar ben, kom ik naar huis. MORGEN DE LAATSTE SCHOOLDAG!!!!!!! YES!!!!!! YES!!!!!!!!!

C

Claire,

Ik ben even gaan liggen.

James van school heeft gebeld.

Liefs,

Mama

Michael heeft gebeld, liefje. Hij redt het niet vanavond. Hij zei dat je hem moest bellen.

Ik hoop dat alles goed zit?

Mama

Waarom gebeurt jou dit, mama? Waarom gaat het zo snel? Met Kerstmis was alles nog goed.

Ik zit in de slaapkamer achter, op internet, ik probeer een beeld te krijgen van hoe de operatie eruit zal zien. Alles is goed met Michael. Hij werd er denk ik een beetje somber van dat ik er zoveel over praatte. Ik had hem er niet mee lastig moeten vallen. Hij wist er trouwens nog niks van!

Is dit allemaal echt???? Of niet???

Liefs en knuffels,

Claire

Hoi lieverd,

Ik kan alleen maar doen wat me te doen staat, Claire. Ik dacht dat ik die gruwelijke bestraling wel aankon én ook nog eens naar mijn werk zou gaan. Maar het is me heel zwaar gevallen, en ik wou dat ik er met je over gepraat had hoe afschuwelijk ik me voelde. Gewoonlijk zit ik in de spreekkamer aan de andere kant van de tafel, weet je nog? Doktoren zijn de ergste patiënten.

En toen werd het me allemaal uit handen genomen. Want ik heb hier geen controle over, Claire. Ik heb dit niet onder controle, en dat maakt me zo ontzettend bang.

Volgende keer als we naar de dokter gaan, moeten we aantekeningen maken. Dan kun je mijn notuliste zijn. Ik moet even gaan rusten. Zie je zo.

Ik ben helemaal klaar voor morgen.

Liefs,

Mam

Ik heb kippensoep voor je gemaakt, mam.
Hoe voel je je?

Als je opstaat mam, ben ik in de tuin. Ik ben weer een boek aan het lezen met gedichten die geschreven zijn door anderen die hetzelfde hebben meegemaakt als jij. Een van de schrijvers zegt dat je je minder vrouw voelt als je een borst kwijtraakt. Dat vind ik moeilijk te begrijpen, omdat ik het moeilijk vind om jou zo te zien, mama, als het soort vrouw dat zich vrouw voelt, in plaats van moeder. Slaat dat ergens op? Kun je met mij over dit soort dingen praten? Ik probeer volwassener te worden, maar ik vind het NIET makkelijk.

Ik kom zo weer naar binnen om te kijken hoe het met je is, dus als je geen puf hebt om me te komen halen, dan beloof ik dat ik zo bij je op de kamer ben.

Liefs en knuffels,

Claire

Goeiemorgen Mam!

Ik ben even met pap weg om een hoed voor je te
kopen (voor het geval dat). Hij zei dat hij een hele
mooie had gezien, maar dat hij wilde dat ik
meeging om te kijken.

Je doet het zo goed, mam. Ik ben trots op je. Binnen
de kortste keren ben je weer aan het werk – voor je
het weet ben je weer de oude.

Pap zei dat hij vanavond misschien nog even zou
blijven. Ik hoop dat dat goed is?

Liefs en knuffels,

Claire

Ik heb m'n sleutel.

Sorry dat ik zo boos op je werd, Claire. Ik doe mijn best. Eerst moet ik zorgen dat ik de nasleep van de operatie te boven kom, pas dan kan ik over de chemo na gaan denken. Daarna kan ik me gaan richten op genezing.

Mam

Ik ben weg met Michael – hij geeft me een lift om de hoed terug te brengen. Mam, het spijt me. Pap en ik wilden je niet verdrietig maken. Ik weet dat je je haar nog hebt en dat je het misschien wel helemaal niet kwijtraakt. Ik probeerde je op te vrolijken.

Straks zul je je beter voelen. Er staat nog wat soep in de ijskast.

Claire

Ik zit met Emma en James buiten in de tuin. Ze
kwamen even langs om te zien of ze nog iets in huis
konden doen. Zo lief!!!!

Kom ons maar opzoeken. Misschien dat het je wat
opvrolijkt als je in de zon zit????

Claire

Sorry dat Emma en James er waren, mam. Ik dacht dat een beetje gezelschap wel leuk zou zijn, maar de volgende keer dat ik vrienden uitnodig, zal ik het eerst even vragen, goed?

Ik vind dat je er prachtig uitziet.

Liefs en knuffels,

Claire

Sorry, Claire. Ik had niet gedacht dat ik me zo beroerd zou voelen. Inmiddels ben ik alweer wat opgeknapt, maar ik was zo ongeveer compleet gevloerd. Gelukkig kan ik mijn rechterborst maar één keer kwijtraken (dat was grappig bedoeld, maar ik kan er niet echt om lachen). Wat lief dat je zegt dat ik er prachtig uitzie. Ik voel me absoluut niet prachtig. Het is net alsof ik onder water zit en er maar niet achter kan komen hoe ik weer naar de oppervlakte kan zwemmen. Ik voel me een beetje verloren, verder niet. Ik wil niet dat je je zorgen maakt om mij.

Binnenkort begint de chemo. Heb je misschien zin om mee te komen?

Wat mijn haar betreft: dat wordt duimen.

Mama

Wat ik zie als ik naar je kijk
Is de vrouw die ik wil zijn
Dapper en sterk
Prachtig en vrij

Claire

PS Ik hou van je

Clairtje, het is allemaal zo snel gegaan. Het voelt alsof ik niets meer onder controle heb en als ik naar mezelf kijk, herken ik mezelf niet meer. Is dit hoe het leven gaat?

Het spijt me, ik wil je niet belasten. Je bent nog maar vijftien.

Als ik terugkom, zal ik ontbijt voor je maken. Ik ben er over tien minuten.

Liefs,

Mam

Claire,

Sorry dat ik je zakgeld vergeten ben. Het ligt op het aanrecht. Ik heb er een tientje extra bij gedaan, meisje.

Liefs,

Mam

James heeft gebeld. Hij zei dat je terug moest bellen.

xx

Mam

Mam,

Zit te ontbijten maar ik kan je nergens vinden. Ik
ben in de tuin.

Dit lijstje heb ik voor papa gemaakt, en ik heb het
overgeschreven voor jou.
MAAR ALLEEN MAAR OMDAT JE ERNAAR VROEG!

Verlanglijstje:

Boeken – Sylvia Plath vind ik leuk
Make-up
Sieraden
iPod
Laptop in plaats van die BEJAARDE desktop van ons
Kleren, of cadeaubonnen van Isis...

Bijna zestien!!!!!

MAM!

Misschien kunnen Emma en James dit weekend
langskomen en wie weet kan ik verder nog wat
vrienden vragen. Cheryl en Juliette en Alison en
Ellie, Jim misschien, Sandy en Jack? En Michael
misschien ook?????!!!!!!!
Dan kunnen we hier wat drinken en bar-be-que-en
(HOE SPEL JE DAT??? BAR BE CUE ËN? BBQ'EN?????)

Zullen we zaterdag doen? Red je dat? Of zullen we
anders met z'n allen naar pap gaan en dan kom jij
ook en dan hoef je niet te koken?

LANG ZAL ZE LEVEN
LANG ZAL ZE LEVEN
LANG ZAL ZE LEVEN IN DE GLORIA
IN DE GLORIA
IN DE GLORIA

HIEPERDEPIEP... HOERA!

Gefeliciteerd, prachtige, dappere dochter van me. Ik
kan nauwelijks geloven dat je zestien jaar geleden
nog maar een heel klein, schitterend baby'tje was. Ik
weet nog dat ik je eerste kreet hoorde. Je was een
wonder.

Peter en ik zitten in de tuin. We gaan buiten
ontbijten (hij krijgt waarschijnlijk alleen maar
worteltjes en zaadjes – ik neem een bagel met
zalm... en ik heb er nog een voor jou). Wat hebben
we toch een schitterende zomer.

Hou van jou, jarig meisje.

Mam

Dank je wel voor alles en voor het ontbijt
vanmorgen, mam. Ik vind AL MIJN CADEAUS
schitterend! Het mooiste cadeau was om jou buiten
te zien zitten.

Dat jurkje stond je super.

Claire

Als de chemo morgen eenmaal begonnen is, mag ik niet meer in de zon zitten. Wist je dat, lieverd? De chemische stoffen reageren kennelijk verkeerd op het zonlicht, dus heb ik vanochtend wat in de tuin gezeten om nog een beetje te genieten van de zon op mijn huid.

Ik moet een ongelofelijke hoeveelheid pillen slikken. En, erger nog, ik ben er niet van overtuigd dat chemotherapie goed is. Het woord alleen al heeft een angstaanjagende klank.

Mam

Het spijt me van aanstaande zaterdag, Claire. Ik
weet dat je je erop verheugde om je vrienden hier te
laten komen. Ik voel me er heel vervelend onder.

Liefs,

Mam

Jij hoeft geen sorry te zeggen, mama. Ik ben degene die sorry moet zeggen. Ik wou dat ik het je in de lente niet zo moeilijk had gemaakt met Michael. Is het mijn schuld? Is het allemaal mijn schuld?

Claire

Het is niemands schuld, Claire. Soms is het leven gewoon zo. Misschien is het mijn schuld, omdat ik je probeerde te beschermen toen je vader en ik uit elkaar gingen. Ik wilde niet dat je ooit zou zien dat de wereld slecht kan zijn, dat het leven moeilijk is, dat we soms niets te zeggen hebben over ons lot.

Dit is niet onze schuld, Claire. Dit is niemands schuld. Soms is er gewoon geen schuldige.

We praten de laatste tijd niet zoveel over Michael. Ik weet wel dat het nog aan is. Hoe gaat het ermee? Ik zal niet boos worden.

Liefs,

Mam

Emma heeft gebeld.

We hebben geen melk meer – geld op het aanrecht. (Met je zakgeld en je sleutel – die lag onder de keukentafel.)

Hai Mam,

Ik ben bang dat er iets met me aan de hand is. Het voelt alsof mijn hart te snel klopt. Het voelt alsof alle kleuren in de kamer feller zijn geworden. Ik bedoel, blauw is op de een of andere manier blauwer geworden, en rood is roder, en geel ziet er plotseling uit als een stralende zon.

Sorry als ik niet bepaald duidelijk ben! Het voelt gewoon zo raar. Het is alsof ik te veel gegeten heb, en mijn maag veel te vol zit.

Nu ik het opschrijf wordt het trouwens alleen maar erger. Wat is er met me aan de hand? Misschien dat ik even het huis uit moet?????

Heb je zin om met vakantie te gaan als de chemo voorbij is? We hoeven niet duur te doen, maar misschien kunnen we de auto nemen (Peter kan wel bij pap logeren) en gewoon ergens heen rijden. Meiden op reis...

Over Peter gesproken, zijn oor ziet er helemaal

verfrummeld uit – heeft hij zich ergens pijn gedaan, denk je?

Liefs en knuffels,

Claire

Claire,

Wat je beschreef, dat gevoel, klinkt een beetje als
een angstaanval. We gaan wel naar de dokter als je
wilt. Maar lieverd, maak je alsjeblieft geen zorgen,
alles komt goed.

Ik ga dit gevecht winnen.

En dan hebben we het later wel over vakantie. Ik
kan daar nu even niet over nadenken. Dat komt aan
het einde van de rit; op dit moment ben ik nog niet
halverwege.

Peters oor ziet er volgens mij prima uit.

Liefs,

Mam

Lieve Claire,

Mijn hart trilt helemaal, alsof ik een kolibrie heb
ingeslikt. Ik ben even gaan liggen.

Mam

Wat ik net bedacht, je zakgeld had ik laatst op het aanrecht gelegd, met het geld voor brood en melk.

Heb je die angstaanvallen nog?

Mam

James heeft gebeld. Hij zei dat hij het later nog eens zou proberen.

Liefs,

Mam

Ben bij Emma. Om halftien terug.

xxx

Claire

Arme Claire,

Het is nou niet bepaald een echte zomervakantie geweest, hè?

Ik maak het goed. Wacht maar.

Mam

Ik hoef helemaal geen zomervakantie. Het enige wat ik wil is dat je beter wordt.

Liefs en knuffels,

Claire

Michael heeft gebeld. Hij redt het niet vanavond.

Liefs,

Mam

Wat een hitte vandaag, ik ben even gaan liggen.

Liefs,

Mam

Michael heeft gebeld. Bel hem maar als je thuiskomt.

Alles goed?

Liefs,

Mam

Ik heb de hele dag nog lopen stralen van de gedachte aan jouw dansje in de keuken vanmorgen, Claire. De puntjes van het gras verdorren en die arme Peter zit te hijgen van de hitte, maar jij staat lekker koel en frisjes te dansen.

Liefs,

Mam

SEPTEMBER

~~~~~

Prachtig en vrij

Hai Mam,

Je lag er zo dapper bij in het ziekenhuis. Ik vroeg me
af hoe het zou voelen om jou te zijn, hoe het voelt
als dat spul je lichaam in stroomt. Ik kreeg er wel
een raar gevoel van. Ik bedoel, jij bent de
volwassene van ons tweeën, maar ik probeerde voor
je te zorgen.

Ik had het je nog niet gezegd, maar de verpleegster
is met me komen praten. Ze heeft me wat boeken
meegegeven. Zullen we die samen lezen???

Liefs en knuffels,

Claire

Hoi Claire,

Ik hoop dat je eerste dag in de vijfde klas fantastisch
was en dat je ook dit jaar weer heel veel lessen
samen met Emma hebt. Restjes pasta en sla in de
ijskast, en ik heb voor de gelegenheid iets lekkers
voor je meegenomen: een plak cappuccinocake van
de bakker.

Ik moest even gaan liggen.

Mam

Hoi Mam,

Gina en Nicole komen vanavond langs, ze nemen avondeten mee, en zolang de chemotherapie duurt blijven ze dat doen, steeds als we het nodig hebben, zodat jij uit kan rusten. Gina heeft me dat een paar weken geleden al aangeboden, en toen heb ik haar gezegd dat we het wel zouden redden. Maar toen ze er opnieuw naar vroeg, dacht ik dat een beetje gezelschap misschien wel fijn zou zijn.

Is dat goed?

C

Prima.

Mam

Heb je nog wensen, mam?

Dan schrijf je het maar op.

C

Beter worden.

Mam

Ik heb wat gedichten geschreven en mevrouw Manda vond ze mooi. Ik zal je er een paar laten zien, als je wilt. En ik maak me minder zorgen dan eerst. Ik ben maar heel even met Emma op pad. Ik ben uiterlijk om zes uur terug, dat beloof ik!

Gina is hier straks al eerder dan ik. We eten lasagne vanavond. YES!

Claire

Hoe gaat het met je arm vandaag, mam? Moeten we het ziekenhuis bellen om te vragen wat zij ervan vinden?

Liefs en knuffels,

Claire

Hoi Claire,

Ik denk dat ik binnenkort een hoed nodig heb. Heb je die leuke blauwe uiteindelijk nog teruggebracht?

Ik lig in bed.

Mam

Als de weg afbuigt
Gaan we er samen doorheen,
Nemen de bocht
Aaneen
Hangend, als moeder
Aan dochter,
Aan moeder.

Mevrouw Manda zei dat deze in de schoolkrant
komt. Misschien wil ik later wel schrijfster worden.

Claire

Ik heb genoten van je gedicht, liefje.

Het gaat me niet lukken met de auto vandaag.
Vanochtend voelde ik me nog prima, maar nu ben
ik uitgeput.

Morgen de volgende dosis. Ik weet niet of ik het wel
aankan. Ik word al misselijk als ik eraan denk.

Mam

James heeft gebeld.

Ik ga met je mee.

Hou van jou,

Claire

Ik ben blij dat de hitte voorbij is, meisje. Ik weet dat je dol bent op de zomer, maar ik vind het heerlijk als het weer begint te veranderen... Straks zijn de bladeren alweer helemaal gekleurd.

Je zakgeld ligt op het aanrecht.

Mam

Het is vroeg in de ochtend, Claire, en ik heb hier een hele tijd zitten denken. Ik heb zitten peinzen over jou en mij, en je vader. Het lijkt me dat je sinds onze scheiding een heel stuk volwassener hebt moeten worden dan ik ooit onder ogen heb willen zien. Al die keren dat je boodschappen hebt gedaan, en gekookt, en inmiddels ben jij degene die voor mij zorgt. Ik weet wel dat Gina je helpt, maar jij hebt me zo ontzettend gesteund, en ik vraag me af of ik in het verleden wel genoeg voor jou heb gedaan.

Ben ik een goede moeder geweest? Het is de vraag die alle moeders willen stellen, maar vaak krijgen ze de kans niet. Of ze durven het niet.

Ik hou van je,

Mam

Mam,

Ik weet niet wat ik moet zeggen. Je bent mijn moeder, en het enige wat ik wil is dat je beter wordt. Misschien ben ik wel niet zo volwassen als je denkt.

Ik ben even een eindje gaan lopen. Michael heeft gebeld, en toen ik tegen hem zei dat ik vandaag niet kon, was hij teleurgesteld, dus nu gaan we samen even naar buiten. Ik ben op tijd terug.

Liefs en knuffels,

Claire

MAM!

Waarom heb je niet op me gewacht? Ik was hier op tijd! Nu zit je helemaal alleen in het ziekenhuis en ik vlieg hier tegen de muren op.

Ik wou dat je af en toe even nadacht. Het wordt er voor mij ook niet makkelijker op als je dit soort dingen doet en ik niet eens boos op je kan worden omdat je ziek bent.

Ik zit met Peter in de tuin.

Claire

Gina vertelde dat ze je gisteren naar huis heeft gebracht. Zij blijft hier vanavond slapen en ik ga naar pap. Ik denk dat dat een goed idee is.

Ik hoop dat je je goed voelt, mam.

Claire

Gina vertelde dat je zonder mij naar de Rose Bush Store bent geweest. Ze zei dat ze je daar hadden geholpen om je een bh aan te meten, en dat ze je zelfs had horen lachen. Ik blijf weer bij pap slapen.

Claire

Hoi Mam,

Ik ben weer terug. Toen ik daar aankwam, besefte ik dat ik iets niet helemaal goed deed.

Vannacht slaap ik hier.

Liefs en knuffels,

Claire

Clairtje,

Sorry. De laatste tijd heb ik me gedragen alsof ik
alleen op de wereld was – alsof je me helemaal niet
nodig zou hebben, alsof ik er niet voor jou zou
hoeven zijn, en jij niet voor mij. Ik heb je wel nodig,
lieverd, ik heb alleen moeite met de overgang die ik
doormaak van alleenstaande moeder, een vrouw die
van niemand hulp nodig had, naar een vrouw die er
nog maar voor de helft is, en die de zorg van haar
dochter nodig heeft.

De dokter heeft me het adres gegeven van een
groep vrouwen in de omgeving die borstkanker
hebben overleefd, of die het nog hebben, zoals ik,
en Gina heeft me er gisteren naartoe gebracht. Je
zou verbaasd zijn als je wist hoeveel andere
vrouwen ditzelfde doormaken, hoeveel vrouwen er
hier in de buurt wonen en dezelfde problemen
hebben. Er zit een vrouw bij van nog maar dertig,
en haar dochter is zes jaar oud. Ze weet dat ze
doodgaat, en ze is wanhopig. Ze heeft mijn hand
vastgehouden en me gezegd dat ik sterk moest zijn
voor jou, dat ik jou erbij moet betrekken. Ik heb
haar magere vingers gepakt en daar hard in

geknepen. 'Je moet alle tijd gebruiken die je hebt', is wat ze zei.

Ze heeft gelijk Claire, ik moet met je praten. Ik moet me openstellen en ik moet je als een volwassene behandelen. Ik heb me ingehouden omdat ik jou jong en zonnig als een lichtstraal wilde houden, maar daar heb ik jou niet bepaald een dienst mee bewezen. Jij wordt vanzelf een volwassene, als ik je daar maar de ruimte voor geef, en daar moet ik toch toe in staat zijn.

Ik ben heel somber en ontzettend bang geweest. Ik heb me afgevraagd waar ik voor heb geleefd. Al die tijd ben ik ervan uitgegaan dat ik leefde om mijn dromen te verwezenlijken, maar het lijkt alsof die tijd inmiddels achter me ligt, dat mijn tijd erop zit en dat ik die op de een of andere manier heb verspild, dat ik niet heb begrepen waar het om ging. Ik heb jou, mijn liefste meisje – en dat was wat mijn leven betekenis en vreugde gaf, meer dan wat dan ook. Maar al die andere dingen dan die ik nog van plan was? Ik ben nog nooit in Afrika geweest. Ik heb nog nooit Proust gelezen. Ik heb nooit piano leren spelen of noten kunnen lezen – die zwarte vlekken op het papier die mensen in zulke prachtige geluiden vertalen, zijn voor mij een raadsel, en dat zullen ze altijd blijven. Ik heb nog nooit een parachutesprong gemaakt, ik ben nog nooit in de woestijn geweest, ik ben nog nooit wezen vissen.

Ik weet wel dat niet álles tegenzit, en dat er hoop is, maar ik moet ook alvast rekening gaan houden met wat er anders kan gebeuren, en als je naar me lacht en broccoli en sport zegt, voel ik me alleen maar afgepeigerd, volkomen afgepeigerd. Ik ben niet wanhopig, ik probeer alleen maar alles op een rijtje te krijgen.

Ik ben moe, ontzettend moe, en ik voel me niet bepaald goed vandaag.

Dit is alles wat ik je op dit moment kan zeggen.

Ik hou van je,

Mam

Hoi Mam,

Er waren veel dingen in je brief die ik maar met
moeite kon lezen. Ik wilde lezen over wat je in je
leven allemaal WEL hebt gedaan, maar in plaats
daarvan heb je geschreven over de dingen die je
NIET hebt gedaan. Toen besefte ik pas dat ik
eigenlijk nauwelijks iets van jouw leven af weet.
Hoe was jij toen je zo oud was als ik nu? Waar
hadden jij en pap het altijd over? Waar hebben jullie
elkaar ontmoet? Ben je alleen maar met hem
getrouwd omdat je zwanger was van mij? Waarom
zijn jullie uit elkaar gegaan? Was het moeilijk om
mij in je eentje op te voeden?

Al die vragen maken me aan het huilen, mam, maar
ik weet niet waarom. Misschien dat er door die
vragen een wereld voor me opengaat die ik nog
maar net begin te zien. De volwassen wereld. Die
maakt me bang, en het lijkt me maar niks.

Met Michael en mij gaat het de laatste tijd niet zo
goed. Hij is niet zo fantastisch als ik dacht. Maak je
geen zorgen om mij, maar ik denk dat ik het uit ga
maken. Emma is het met me eens. Volgens haar is

hij AFSCHUWELIJK en ze vindt dat ik nooit naar
hem terug had moeten gaan!

Liefs en knuffels, mama,

C

Soms lijk je precies mijn moeder, Claire. Ik weet niet of ik je dat ooit heb gezegd.

De bijeenkomst van de lotgenotengroep is vanavond. Dat vergat ik je nog te vertellen bij het ontbijt. Ik warm de ovenschotel wel op die Nicole heeft gemaakt en dan gaan we samen.

Heb ik al je vragen beantwoord?

Liefs,

Mam

Dat idee om een fotoalbum te maken lijkt me fantastisch, mam. Ik wist niet dat we zoveel familiefoto's hadden!

Laten we vanavond beginnen.

Fijn dat ik meekon naar de groep gisteravond. Zo voel ik me wat minder alleen – als je snapt wat ik bedoel?

Liefs en knuffels,

Claire

Claire, wat heb ik genoten. Ik wou dat ik voor altijd met jou aan de keukentafel kon blijven zitten om foto's uit te knippen. Ik verheug me op vanavond.

Zullen we een paar van jouw gedichten bij de foto's zetten?

De afwasmachine moet uitgeruimd.

Liefs,

Mam

Hoi Mam!

Ik moet nog steeds lachen om die foto van jou met Peter op je hoofd. Ik wou dat ik me die dag nog kon herinneren!

Ik weet dat je misschien wel niet meer beter wordt, mam – hoewel ik het ontzettend moeilijk vind om dat op te schrijven. Ik begrijp het en ik snap waarom we het daar gisteravond over moesten hebben. Het zou het ergste zijn wat me ooit kon overkomen, maar ik wil niet dat je je zorgen maakt om mij. Jij geeft me de kracht om de toekomst onder ogen te zien.

Ik zal er het beste van hopen, en me intussen voorbereiden op het ergste, mama. Klinkt dat als een goede middenweg?

Liefs, kracht, licht en knuffels,

Claire

Ik wou dat ik in het begin niet zo lang had gewacht met naar de dokter gaan. Ik moet er steeds weer aan denken dat dit misschien allemaal niet zo erg was geweest als ik maar meteen was gegaan. Ik wou dat ik mijn verantwoordelijkheid beter onder ogen had gezien, Claire, dan was ik een betere moeder geweest.

Zelfs de dokter zegt dat dit niet vaak voorkomt. Het is jouw schuld niet.

En ik wil helemaal geen 'betere moeder'. Ik heb jou.

Ik ben een lijstje aan het maken voor Gina, mam.
Wat hebben we verder nog nodig?

eieren
pindakaas
fruit
sojamelk
sinaasappelsap
brood
kaas

De olijfolie en de azijn zijn op. Iets van sla zou lekker zijn.

Hoe voel je je vandaag? Denk aan jou, mama.

Tot straks,

xxx

Dat was leuk, mam, gisteravond! Het was fijn om je te zien lachen!

xxx

Claire, lieverd,

Ik ben een beetje kortademig. Ik ga morgen weer
naar de dokter.

James heeft gebeld. Hij vroeg hoe het met me ging.
Ik moest mijn tranen inslikken. Hij lijkt me heel
lief.

Mam

Claire, lieverd,

Vannacht slaap ik in het ziekenhuis. Je vader weet ervan. Hij brengt je straks naar me toe.

Ik hou van je,

Mam

Claire,

Ik blijf nog een paar nachtjes in het ziekenhuis. Gina heeft me hiernaartoe gebracht om wat spulletjes te halen. Kun je Peters hok schoonmaken voor je vanavond naar me toe komt? Hij ziet er een beetje verwaarloosd uit.

Ik weet niet wat de toekomst brengt, maar ik weet dat alles goed komt met je.

Jij bent de meest fantastische dochter die ik me ooit had kunnen wensen.

Ik hou van je,

Mam

Jij bent de meest fantastische moeder die ik me ooit had kunnen wensen.

Liefs,

Claire

Ik heb je kamer helemaal mooi gemaakt. Als ik niet thuis ben als je terugkomt, ben ik even wortels halen voor Peter.

PS

~~~~~~~~

Ik hou van je

Lieve Mam,

Vandaag ben ik bij je lotgenotengroep geweest, en
Mary zei dat ik misschien eens aan je moest
schrijven, ook al zal je het nooit kunnen lezen. Ze
zei dat ik dan voor m'n gevoel misschien wat
dichter bij je zou komen, en dat er misschien wel
dingen waren die ik graag aan je zou willen
vertellen.

Ik ben naar ons huis gekomen om te schrijven en ik
zit aan de keukentafel. Het huis wordt binnenkort
verkocht, maar op dit moment lukt het me bijna
helemaal om te doen alsof jij in je kamer ligt, of op
je werk bent, terwijl ik zit te wachten tot je
terugkomt om me te vertellen over de baby'tjes die
je hebt gehaald, of me gewoon een knuffel komt
geven. Het ergste toen ik binnenkwam, was dat ik
meteen op de keukentafel keek, op zoek naar jouw
briefje, maar dat lag er niet. De tafel was helemaal
leeg. Ik heb uren zitten huilen.

Mam, ik mis je. Ik wou dat je nog bij ons was. Het is
prima om bij pap te wonen, maar ik wou dat jij er
nog was. Ik snap niet waarom jij bij mij weg moest

worden gehaald, of waarom je ziek bent geworden, of hoe het kon dat jij zo snel bent gestorven, terwijl er continu vrouwen zijn die dit overleven. Hoe heeft dit kunnen gebeuren? Hoe kon je zomaar weggaan? Hoe kon je me in de steek laten? Het is net alsof ik kwaad op je ben, mam. Is dat niet suf?

Weet je nog hoe mooi de herfst was, hoe we door je slaapkamerraam naar buiten keken, terwijl je ziekte steeds erger werd, en zagen hoe de hemel opklaarde van al dat geel en rood? Je hebt zo hard geprobeerd om het te overwinnen, mam. Ik vind het zo rot dat je het zo zwaar hebt gehad.

Het is een lange, koude winter geweest. Ik ben gewoon naar school gegaan, maar meestal heb ik het gevoel dat ik in een waas rondloop. Emma is lief voor me geweest, en James ook, en Gina is fantastisch voor me geweest, mam, echt ongelofelijk. Maar ze zijn jou niet. De kerstdagen waren vreselijk.

Mary heeft gelijk. Ik voel me beter nu ik aan je schrijf, ook al moet ik er harder van huilen dan de afgelopen maanden bij elkaar. Ze zegt dat er niks verkeerds aan is om verdrietig, en boos, en in de war te zijn. Maar het voelt wel verkeerd. Ontzettend verkeerd.

Verder moet ik je denk ik nog vertellen dat Peter het goed maakt. Ik heb zijn hok bij pap neergezet, en als ik ga zitten om hem te aaien, moet ik weer denken aan onze zomer en herfst samen, toen we die fotoalbums maakten, het eten aten dat Gina had gemaakt, elkaar beter leerden kennen. Ik kan wel proberen te vergeten hoe moeilijk je het op het laatst hebt gehad; maar hoe sterk je was, en hoe dapper, dat zal ik nooit vergeten. Ik heb een foto van jou in het ziekenhuis in een rolstoel. Je ogen zijn zo groot en prachtig. Je ziet er verbaasd uit, mam, alsof iets je heeft overvallen. Voor mijn gevoel heeft iets ons allebei overvallen.

Ik wou dat we meer tijd hadden gehad, mam. Volgens mij is dat eigenlijk alles wat ik tegen je wilde zeggen. Ik wou dat ik meer tijd met je had gehad. Maar ik ben blij met de tijd die we wel hebben gehad. Zo blij. Als ik zo weer bij pap ben, ga ik de albums bekijken en dan weet ik alles weer.

Ik denk dat ik deze brief maar hier voor je achterlaat. In deze lege keuken. Zodat je weet dat ik van je hou en dat ik je mis, als je thuiskomt. Maak je alsjeblieft geen zorgen om mij.

Je dochter,

Claire

Lieve Mam,

Morgen ben ik jarig. Ongelofelijk, ik word alweer zeventien! Pap en James (James is nu mijn vriendje – weet je nog, James, van school?) hebben iets van een verrassing voor me, maar ik moet doen alsof ik niets in de gaten heb. Ik zal doen alsof ik verbaasd ben.

De sleutel van ons huis heb ik bij me gehouden, in afwachting van het juiste moment. Vandaag ben ik bij de rivier gaan zitten waar we altijd langsliepen, en plotseling wist ik wat ik ermee moest doen. Ik heb hem zo ver mogelijk weggegooid. Hij glinsterde in de zon, en toen tuimelde hij het water in en verdween. Ik voelde me goed, mam, voor het eerst sinds lange tijd voelde ik me goed. Toen ik daar zo aan de oever zat, dacht ik in de wind je stem te kunnen horen, die me vertelde dat het goed met je ging.

Op een dag vouw ik dit briefje op en dan leg ik het in de rivier. Maar voorlopig hou ik het nog even stevig vast.

Ik hou van je,

Claire

Met dank aan Marguerite Buckmaster,
die ik wegens tijdgebrek nooit heb kunnen ontmoeten

Als u meer wilt weten over borstkanker, of als u naar aanleiding van dit boek behoefte heeft aan een gesprek, kunt u terecht op de website van BorstkankerVereniging Nederland: www.borstkanker.nl. Op deze site vindt u nuttige informatie en telefoonnummers van instanties die u verder kunnen helpen.